Nathan, l'enfant du cirque

Sean Ash

Laure Soccard et Edith Michaelsen

Nathan, l'enfant du cirque

Texte annoté par
Laure Soccard

Ernst Klett Sprachen
Stuttgart

1. Auflage   1   6 5 4 3 | 2016 15 14 13

Alle Drucke dieser Auflage sind unverändert und können im Unter-richt nebeneinander verwendet werden.
Die letzte Zahl bezeichnet das Jahr des Druckes. Das Werk und seine Teile sind urheberrechtlich geschützt. Jede Nutzung in anderen als den gesetzlich zugelassenen Fällen bedarf der vorherigen schriftlichen Einwilligung des Verlags. Hinweis zu § 52 a UrhG: Weder das Werk noch seine Teile dürfen ohne eine solche Einwilligung eingescannt und in ein Netzwerk eingestellt werden. Dies gilt auch für Intranets von Schulen und sonstigen Bildungseinrichtungen. Fotomechanische oder andere Wiedergabeverfahren nur mit Genehmigung des Verlags.

Internetadresse: www.klett.de / www.lektueren.com

Redaktion: Edith Michaelsen (externe Mitarbeiterin)
Layoutkonzeption: Elmar Feuerbach
Illustrationen: Bettina Casabianca, Gomaringen
Satz: Dörr + Schiller GmbH, Stuttgart
Umschlaggestaltung: Elmar Feuerbach
Titelbild: Shutterstock Images / © Jose Alberto Tejo
Druck und Bindung: AZ Druck und Datentechnik GmbH, Kempten / Allgäu
Printed in Germany

ISBN 978-3-12-591447-6

Table des matières

Nathan, l'enfant du cirque

Introduction

Liebe Schülerinnen und Schüler!

Lesen sollte vor allem Spaß machen. Auch in der Fremdsprache. Deswegen findet ihr in *„Nathan, l'enfant du cirque"* nicht nur ein spannendes Thema, sondern ihr werdet auch einen lebendigen Einblick in den Alltag französischer Jugendlicher erhalten.

Ihr werdet feststellen, dass die Sprache in dieser Geschichte anders klingt als die, der ihr in eurem Lehrbuch begegnet seid. Französische Jugendliche benutzen nämlich gerne das *français familier,* die Umgangsprache.

Vielleicht habt ihr schon gelernt, dass man im Französischen:
- oft Vokale verschluckt (*chuis* statt *je suis*)
- bei Verneinungen oft das *ne* weglässt (*j'arrête pas* statt *je n'arrête pas*)
- oft Abkürzungen verwendet werden (*interro* für *interrogation*)
- oft *trop,* zuviel, verwendet wird, um Überschwang auszudrücken (*j'en ai trop marre, c'est trop bien!*)

Alles klar?

Dann viel Spass mit Nathan,
Justine und allen anderen Helden von
Nathan, l'enfant du cirque!

Le vocabulaire du collège

In dieser Tabelle findet ihr einen Großteil des unbekannten Vokabulars zum Thema „collège". Diese Wörter und Ausdrücke sind im Text mit einem Sternchen versehen.

un(e) **CPE** (conseiller/-ère principal(e) d'éducation)	la personne qui organise la vie collective au collège
un **principal** / une **principale**	un directeur/ une directrice de collège
un(e) **délégué(e) de classe**	Klassensprecher(in)
un **carnet de correspondance**	Au collège, chaque élève a un carnet de correspondance. C'est un petit cahier dans lequel il y a les notes de l'élève mais aussi, par exemple, les remarques sur son comportement. C'est un moyen de communication entre le collège et les parents de l'élève.
recevoir un **avertissement**	eine Verwarnung erhalten
un **renvoi** être **renvoyé**	eine Suspendierung suspendiert werden
lever la main / **le doigt** (en classe)	sich melden
redoubler	ne pas passer dans la classe supérieure (nicht versetzt werden)

le brevet (des collèges)	l'examen que l'on passe à la fin de la 3ᵉ, la dernière année du collège (~ mittlere Reife)
passer un examen / une épreuve	eine Prüfung machen
une **épreuve écrite /** un **écrit**	eine schriftliche Prüfung
une **épreuve orale /** un **oral**	eine mündliche Prüfung
réviser	den Stoff wiederholen
bosser *fam*	travailler, apprendre

Chapitre 1

– Nathan, comment s'appelle l'auteur du *Malade imaginaire* ? interroge madame Baptiste.

Nathan sursaute. Il était en train de dormir !

– Pardon m'dame, j'ai pas encore vu le film au
5 cinéma, en ce moment, c'est le stress au cirque !

Cette réponse fait rire toute la classe et Nathan ne comprend pas pourquoi. La prof est en colère :

– Tu te moques de moi ? Ici, on n'est pas au cirque ! Je commence à en avoir marre de toi : tu
10 n'arrêtes pas de rêver et tu finis ta nuit pendant le cours de français !

– Excusez-moi m'dame, les répétitions pour le spectacle sont tous les soirs alors, chuis fatigué. Chuis désolé, je vous promets d'écouter le cours, à
15 partir de maintenant.

– Tu m'énerves avec tes histoires ! Je te rappelle que les épreuves du *brevet sont dans deux semaines. Tu crois que tu vas réussir si tu dors en classe ? Tu as envie de *redoubler ? Justine,
20 accompagne-le chez monsieur Cerbère.

Nathan prend ses affaires, sort de la classe et suit la *déléguée. Après le départ des deux élèves, la prof ne se rappelle plus où elle a arrêté son cours :

– Qu'est-ce que j'étais en train de dire ?

25 Philibert *lève la main et donne, comme toujours, la bonne réponse :

– Vous nous avez expliqué comment Molière avait écrit *Le Malade imaginaire*.

Satisfaite de cette réponse, madame Baptiste
30 complimente son meilleur élève :

---

1 *Le Malade imaginaire* „Der eingebildete Kranke" (Theaterstück) – 3 **se réveiller** arrêter de dormir – 13 **un spectacle** Vorstellung – 14 **promettre qc à qn** jdm etw versprechen

– Merci Philibert, heureusement que j'ai des élèves sérieux comme toi.

Chapitre 2

Pendant ce temps, ~~Nathan~~ et ~~Justin~~e marchent vers le bureau de ~~monsieur Cerbère, le *CPE.~~ Nathan s'arrête devant la porte, Justine lui sourit. Alors, il prend son courage à deux mains et décide d'entrer.
5 Quand monsieur Cerbère le voit, il commence à crier :

– Diabolo, encore toi ! ! C'est la troisième fois cette semaine, qu'est-ce que tu as encore fait ? Allez, donne-moi ton *carnet de correspondance.
10 Trois *avertissements, bingo ! T'as gagné le gros lot ! T'es bon pour un *renvoi de trois jours !

– Ah non, m'sieur, c'est pas juste, j'ai rien fait. S'il vous plaît, ma mère va m'tuer ! En plus, si je rate encore trois jours de cours, je vais être
15 complètement perdu ! *verzweifelt*

– C'est le règlement, Diabolo ! Comme ça, t'auras le temps de réfléchir et de dormir. Et quand tu reviendras au collège, tu écouteras en cours au lieu de rêver.
20 – Mais m'sieur…

– J'ai pas que ça à faire, allez file !

Justine retourne en classe sans Nathan, qui doit rentrer chez lui. Comment va-t-il annoncer la nouvelle à ses parents ?

---

4 **prendre son courage à deux mains** être très courageux – 18 **au lieu de** anstatt zu – 21 **filer** *fam* vite partir

Chapitre 3

Dans le bus, Nathan réfléchit à la meilleure façon de raconter l'histoire à sa mère. Il n'a pas le temps de beaucoup chercher. Sa mère l'attend à l'arrêt de bus et elle a l'air en colère.

5 – Tu rentres tout de suite dans la caravane et tu *révises ton brevet !

Au ton de sa mère, il comprend qu'elle sait déjà pour le renvoi. Mais oui, bien sûr, depuis peu, le collège envoie un SMS aux parents quand il se
10 passe quelque chose au collège.

– Je t'interdis d'aller voir Bodo ! ajoute-t-elle. Pour le reste, on verra ce soir avec ton père !

Assis à son bureau, Nathan ouvre son livre de français. Mais il n'arrive pas à se concentrer : il
15 pense à son singe Bodo.

Pendant le dîner, l'atmosphère est électrique.

– Comment s'est passée la répétition ? demande monsieur Diabolo à son fils. Ça avance ?

– Pas vraiment ! M'man m'a puni, alors j'ai pas
20 pu répéter !

– Ah bon ? Pourquoi ça ? Qu'est-ce que tu as fait ?

– Ton fils chéri a été renvoyé trois jours du collège, voilà pourquoi ! dit madame Diabolo.
25 Monsieur Diabolo sourit et dit :

– Eh bien comme ça, tu auras trois jours pour réviser ton brevet et pour t'entraîner avec Bodo.

– Alors, pour toi, le spectacle est aussi important que l'avenir de ton fils ? C'est pas comme ça qu'il
30 va gagner sa vie ! Nathan doit réussir son examen s'il veut entrer à l'école des arts du cirque.

---

1 **une façon** Art und Weise – 30 **gagner sa vie** sein Brot verdienen

– M'man, c'est hyper important pour moi ! Laisse-moi répéter avec Bodo et ch'te promets de *bosser. S'il te plaît !

Monsieur Diabolo sourit à sa femme, qui n'a pas l'air convaincu.

– Ah oui ? Comment tu veux avoir ton brevet ? C'est dans quinze jours !

– Je ferai tout ce que tu voudras, maman !

– OK, alors tu vas réviser six heures par jour et si tu travailles bien, tu pourras aller répéter le soir avec Bodo. D'accord ?

– Ben, j'ai pas trop le choix, non ?

– Je vois que tu m'as très bien comprise ! Allez, file voir Bodo, mais pas longtemps ! Demain, je te réveille à sept heures, comme d'habitude.

Arrivé sous le chapiteau, Nathan va vers les appartements du sultan Bodo. Il ne le trouve pas alors il commence à chanter cette mélodie :

– Ô sultan Bodo, roi des Macacos, toi qui es le plus beau, je te salue, ô chef des arbres à cacao !

Quand il entend les paroles de leur numéro, Bodo sort la tête d'un sac de bonbons : il adore les sucreries ! Dès qu'il voit Nathan, Bodo court vers lui et pousse des petits cris. Nathan est heureux de retrouver son meilleur ami.

– Arrête, t'as les pattes pleines de chocolat ! Toi aussi, tu m'as beaucoup manqué ! Chuis pas venu plus tôt car j'étais puni ! Mais maintenant, tout baigne, on va pouvoir s'entraîner, c'est cool !

Bodo arrête de gesticuler et regarde Nathan de ses grands yeux ronds, comme s'il comprenait ce que Nathan lui disait. Ils répètent ensemble une fois leur numéro puis Nathan retourne à la caravane.

---

5 **convaincu** überzeugt – 15 **comme d'habitude** wie üblich – 16 **un chapiteau** Zirkuszelt – 23 **les sucreries** *fpl* Süßigkeiten – 23 **dès que** sobald – 24 **un cri** → crier – 26 **une patte** *pour un animal* Pfote, Bein – 28 **tout baigne** *fam* tout va bien

Chapitre 4

Mercredi 16 juin

Cher journal,

Je viens de finir l'entraînement avec Bodo, j'arrive pas à dormir. Nouria, Babaka et Justine me
5 *manquent ! C'est la première fois que j'ai de vrais amis avec lesquels je m'éclate vraiment. Avec le métier de mes parents, c'est pas drôle tous les jours. À peine arrivés, on doit déjà repartir pour d'autres villes, d'autres spectacles. C'est au moment où je*
10 *commence à m'habituer aux profs, à m'intégrer dans un groupe et à me sentir bien que je dois à nouveau tout quitter. Partir, encore et toujours. À Bordeaux, j'ai même pas eu le temps de dire à Alice que je*
15 *l'aimais et de l'embrasser… Je suis nul à l'école, mais c'est normal, je change au moins trois fois de collège par an. Et puis, moi, je peux pas rester concentré pendant une heure, assis sur une chaise. J'ai besoin d'action, comme au cirque ! Je sais pas comment ils font, les autres !*
20 *Je suis un peu perdu en ce moment. Peut-être que c'est le numéro avec Bodo qui me stresse ? Non, je sais ce que c'est : c'est le brevet qui me panique ! Si je le rate, je serai pas pris à l'école des arts du cirque et*
25 *mes parents seront super déçus ! Qu'est-ce que je peux faire ?*

Bon, allez, je vais essayer de dormir,

À plus !

---

6 **s'éclater** (avec qn) *fam* beaucoup s'amuser – 10 **s'habituer à qc/qn** sich an etw/jdn gewöhnen – 25 **déçu** enttäuscht

Chapitre 5

Jeudi matin, sept heures : Babaka, Justine et Nouria sont à « La Tartine beurrée », la boulangerie-snack en face du collège. L'atmosphère n'est pas super.

5 – Justine, tu rêves ? C'est le troisième sucre que tu mets dans ton chocolat ! lance Nouria à son amie.

– Ah bon ? J'ai pas remarqué ! J'arrête pas de penser à Nathan. C'est chaud d'être renvoyé du 10 collège quinze jours avant le brevet. Je sais pas comment il va faire. Pour lui, c'est difficile de tout faire : le cirque, l'école et en plus, le brevet…

– Toi, t'es amoureuse, ma vieille ! dit Nouria.

– Moi ? N'importe quoi ! Nathan n'a pas de 15 chance et personne n'essaie de le comprendre.

– C'est bon, te fatigue pas, on a compris ! C'est grave, t'es totalement accro !

Justine rougit.

– Ouais, c'est bien beau tout ça, mais avec qui 20 j'vais faire le clown, moi, c't aprèm en dessin ? demande Babaka

Nouria rigole mais Justine reste pensive.

– On pourrait apporter les cours à Nathan ? dit soudain Justine.

– OK, pas de problème, répond Nouria.

25 – Ça roule, ma poule ! répond Babaka.

---

2 **une tartine beurrée** mit Butter belegtes Brot – 6 **un chocolat (chaud)** heiße Schokolade – 9 **c'est chaud** *fam* c'est mauvais – 14 **n'importe quoi** *fam* quatsch – 18 **rougir** *ici* quand le visage devient rouge – 20 **c't aprèm** *fam* cet après-midi – 21 **pensif** *adj* → penser – 25 **ça roule, ma poule** *fam ici* d'accord, OK, pas de problème

Chapitre 6

Jeudi 17 juin

bosser = arbeiten

Salut,

Alptraum

Aujourd'hui, j'ai bossé les maths, le cauchemar ! En
plus, maman était tout le temps derrière moi ! Elle
5 *m'énerve avec ses questions idiotes : « Et ça, tu le*
sais ? », « Récite-moi cette leçon ! », « T'as révisé cette
formule ? »... Je les ai relus, mes cours de maths,
mais j'ai rien capté ! Les formules, les théorèmes de
10 *Pythagore et de Thalès... J'y comprends rien à ce*
charabia. Pour moi, c'est du chinois ! Pourquoi on a
besoin d'apprendre tout ça ? À quoi ça sert l'école ?
C'est vraiment pour nous compliquer la vie !
J'étais tellement K.-O. que j'ai pas bien travaillé
15 *avec Bodo. Quelle galère ! Et l'année prochaine, je*
serai où ? Si je rate mon brevet, j'irai pas à l'école du
cirque. Papa espère que je vais reprendre le cirque
plus tard, quand il sera trop vieux. Maman voudrait
20 *que je continue mes études pour avoir des diplômes.*
Et moi, je sais même pas ce que je veux ! Et puis, je
vais même pas l'avoir, le brevet, j'en suis sûr, je suis
trop nul en maths ! En plus, mon père est convoqué
chez le *principal samedi matin. Ça va être ma fête !
25 *Bon, je vais me coucher sinon ma mère va encore me*
faire une scène !

Bye !

---

3 **un cauchemar** [koʃmaʀ] un mauvais rêve – 4 **tout le temps** *fam* toujours – 6 **réciter**
une leçon à qn jdm eine Lektion aussagen – 11 **un charabia** *fam* un langage qu'on ne
comprend pas – 12 **servir à qc** zu etw nutzen – 15 **quelle galère** *fam* so eine
Schinderei – 23 **être convoqué chez qn** devoir aller chez qn

Chapitre 7

Vendredi, après les cours, Babaka, Nouria et Justine prennent le bus pour aller au cirque. La porte du chapiteau est ouverte. Ils entrent et découvrent un spectacle magique. Sur la piste et dans les airs, les 5 artistes répètent leur numéro. Une jeune femme voltige avec élégance sur un grand cheval blanc. Les trapézistes enchaînent les figures avec légèreté. Sur la piste, les jongleurs dansent sur des rythmes africains. Assiettes, couteaux et balles volent dans 10 tous les sens sans jamais tomber. Puis Nathan le clown et le sultan Bodo courent vers le centre de la piste. Nathan propose des fruits à Bodo. Mais le sultan est en colère et jette les fruits en l'air. Nathan fait une série de pirouettes pour les attraper, ce qui 15 énerve encore plus son singe. Le père de Nathan arrête le numéro et demande à son fils de recommencer. Tout doit être parfait pour le spectacle ! Babaka, Nouria et Justine sont fascinés. À la fin du numéro, ils applaudissent Nathan.

20 – Vous êtes là ! J'vous avais pas vus, dit Nathan. C'est super sympa d'être venus !

Les copains se font la bise et se donnent des nouvelles.

---

7 **enchaîner les figures** Figuren aneianderreihen – 7 **la légèreté** Leichtigkeit – 9 **un couteau** Messer – 13 **jeter qc en l'air** etw in die Luft werfen

Chapitre 8

– V'nez, suivez-moi, j'vais vous faire visiter la ménagerie du cirque, dit Nathan. Voilà Zohra et ses deux lionceaux, explique Nathan, heureux de faire découvrir son monde.

5 – Ils sont trop mignons, j'aimerais trop les caresser ! s'exclame Nouria.

– T'es folle, c'est trop dangereux, répond Justine.

Ensuite, ils s'approchent des otaries : ça tombe bien, c'est l'heure de leur déjeuner.

10 – Allez, prenez un poisson et lancez-le, Paula et Lola adorent ça !

Nathan montre comment il faut faire et les deux otaries sortent aussitôt de l'eau. Nathan les fait danser. Devant ce spectacle improvisé, Nouria 15 et Babaka se mettent à rire. Justine reste silencieuse.

Nathan les emmène ensuite dans un lieu un peu isolé et leur annonce d'une voix mystérieuse :

– Et maintenant, vous allez découvrir en 20 exclusivité la star de notre cirque, notre tigre blanc du Bengale, Banghalor !

– Waouh ! ajoute Babaka. J'ai vu un reportage sur les tigres du Bengale, c'est une espèce protégée ! Vous l'avez eu comment ?

25 Nathan, heureux de son effet de surprise, leur donne des détails :

– Ça a été difficile de l'avoir ! Il n'y a pas beaucoup de tigres blancs. Mais mon père en rêvait depuis longtemps et il a payé Banghalor très cher.

---

3 **un lionceau** Löwenjunge(s) – 6 **s'exclamer** [sɛksklame] ausrufen – 8 **une otarie** Ohrenrobbe – 19 **en exclusivité** *ici* vous serez les seuls et les premiers à découvrir... – 23 **une espèce protégée** eine geschützte Art

Excités, les copains vont voir le fauve de plus près, même s'ils ont un peu peur. Ensuite, Nathan leur fait promettre de garder le secret. Justine donne enfin son avis :

5 – Moi, je trouve ça dégueulasse de mettre ces pauvres animaux en cage ! T'as vu ? Ils ont presque pas de place pour bouger !

Nathan est surpris par la réaction de Justine et essaie de trouver des explications.

10 – Les animaux sont bien traités ici, tu sais, répond Nathan.

– Mais c'est mieux s'ils sont en liberté, non ? demande Nouria.

Babaka voit que Nathan pâlit, alors il change de 15 sujet :

– Bon alors, on donne les cours à Nathan ? J'ai pas que ça à faire, j'ai entraînement de foot ce soir !

Justine sort les cours et les donne à Nathan. Il lui dit merci, ce qui la fait rougir, et s'exclame :

20 – J'en ai trop marre du brevet : je reste des heures devant mes cours mais y' a rien qui rentre.

– Tu l'as dit, mon pote, moi, j'ai le même problème ! Je fais des dictées avec ma grande sœur tous les jours et je fais toujours plein de fautes ! 25 répond Babaka.

Devant l'air désespéré des garçons, les filles rigolent. Puis Nouria propose :

– On peut réviser ensemble ? Moi, je suis pas mauvaise en histoire-géo, Justine est bonne en 30 français et en anglais, et Babaka se débrouille en maths et en physique !

---

1 **un fauve** Raubtier – 3 **garder un secret** ne pas dire un secret – 5 **dégueulasse** *vulg* horrible – 10 **traiter qn/un animal** *ici* s'occuper de qn/d'un animal – 14 **pâlir** *ici* quand le visage devient blanc – 30 **se débrouiller** *fam ici* être assez bon

21

– Ah ouais, c'est une bonne idée, dit Justine. Comme ça, on peut s'expliquer ce qu'on n'a pas compris et se faire réciter !

Les garçons retrouvent enfin le sourire. Tout le monde est d'accord et se donne rendez-vous le dimanche après-midi chez Nathan.

Chapitre 9

Samedi matin, monsieur Diabolo se met en route pour aller voir monsieur Henri, le principal du collège. Quand il entre dans la cour, il est surpris par le silence. Ça le change de l'animation du
5　cirque. Monsieur Henri l'invite à entrer dans son bureau et à s'asseoir.

– Monsieur Diabolo, je vous ai convoqué au sujet de Nathan. Je ne vous cache pas que je me fais du souci pour votre fils. S'il continue comme ça, il
10　n'aura jamais son brevet !

– Pour moi, la priorité reste la carrière de Nathan au cirque et pas un diplôme sans valeur ! Êtes-vous déjà allé au cirque, monsieur le principal ?

– Je crois que la dernière fois que je suis allé au
15　cirque, j'avais dix ans… Mais euh, entre nous, j'adore jongler…

Monsieur Henri ouvre alors un tiroir de son bureau, sort quatre balles et commence à jongler.

– J'adore ça, ça me détend ! ajoute le principal.
20　Monsieur Diabolo sourit et dit :

– Vous avez donc une idée de la discipline et du travail qu'il faut pour réaliser un numéro ! Monsieur le principal, j'ai une proposition à vous faire : pour la fête du collège, j'invite les élèves au cirque
25　Franconi. Qu'en pensez-vous ?

– Très bonne idée ! répond monsieur Henri avec enthousiasme. Mais… euh… ça ne résout pas le problème de votre fils, monsieur Diabolo. Si Nathan n'a pas son brevet, il devra redoubler !

8　**se faire du souci pour qn** sich um jdn Sorgen machen – 12　**la valeur** Wert –
19　**détendre qn** jdn entspannen – 27　**résoudre un problème** trouver la solution à un problème

– Ne vous inquiétez pas, mon fils a décidé de réviser le brevet avec ses amis. Je lui fais confiance et je sais qu'il y arrivera !

– J'aimerais être aussi optimiste que vous.

5   – Alors, attendons les résultats !

1 **s'inquiéter** = se faire du souci

Chapitre 10

Samedi 19 juin

Salut,

C'est bizarre, je crois que le rendez-vous de mon père avec le principal s'est bien passé. Mon père est rentré
5 *tout à l'heure et il a dit : « Très sympathique, ce monsieur Henri. Allez, t'en fais pas, fiston, tu vas l'avoir, ce brevet ! ». Et c'est tout ! Bizarre, non ?*
Et puis j'm'en fous ! J'ai assez de problèmes comme ça ! J'ai essayé de réviser l'histoire-géo ce matin, mais
10 *j'arrivais pas à me concentrer. J'arrête pas de penser à ce que Justine et Nouria ont dit sur Banghalor et les autres animaux du cirque. Pour moi, travailler avec des animaux, c'est normal, j'ai grandi dans ce monde ! Je sais que chacun aime son*
15 *animal, ici. Même si on travaille dur avec eux, ce sont nos meilleurs amis ! Moi, je peux pas imaginer ma vie sans Bodo ! Il est tellement malin.*
Mais, bon, peut-être qu'elle a raison, Nouria. Les animaux ont besoin d'espace.
20 *Bof, je sais plus trop quoi penser. Tout est compliqué en ce moment : l'école, le brevet, mon orientation et maintenant, les animaux du cirque ! Ça me saoule ! Des fois, j'aimerais vraiment trouver le bouton off pour arrêter de réfléchir…*

25 *Tchao !*

---

6 **t'en fais pas** *fam* ne te fais pas de souci – 6 **fiston** *fam* mon fils – 14 **grandir** aufwachsen – 15 **travailler dur** beaucoup travailler – 17 **malin, maligne** *adj* intelligent – 22 **une orientation** Berufsorientierung – 23 **saouler** [sule] **qn** *ici fam* fatiguer, énerver qn – 24 **un bouton** Knopf

Chapitre 11

Dimanche, les amis se retrouvent chez Nathan pour travailler. Madame Diabolo n'est pas loin, alors ils s'installent rapidement et ouvrent leurs livres. Nouria leur demande :

5 – Vous êtes prêts ?

– On écoute, répondent les amis, pas très motivés.

– Voilà ma méthode : je lis la leçon, après je fais un résumé des choses importantes, puis je relis…

10 – Il faut tout lire deux fois ? Ça prend un temps fou ! l'interrompt Babaka.

– Laisse-moi finir mes explications ! Après, tu donneras ton avis !

– Mouais, madame la prof, répond Babaka, vexé.

15 – Quand je connais le cours, je l'écris dans un cahier et ensuite, je vérifie si c'est juste.

– Tout ça pour une seule leçon ? Je comprends pourquoi t'es la première ! lance Nathan.

– Au début, c'est difficile mais c'est une question
20 d'entraînement, comme au cirque ! On essaie ?

En fin d'après-midi, ils ont révisé cinq leçons. Nouria, qui prend son rôle de prof au sérieux, leur fait une interro surprise :

– Qui était le président du conseil en 1936 ?

25 – De Gaulle, répond Babaka.

– Mais non, dit Nathan, c'était Léon Blum !

– Bravo Nathan ! le complimente Nouria.

– Tu fais quoi si t'as le brevet ? demande Babaka à Nathan. Tu repars avec tes parents ?

---

11 **interrompre qn** jdn unterbrechen – 14 **vexé** [wekse] *adj* beleidigt – 22 **prendre qc/ qn au sérieux** etw/jdn ernst nehmen – 25 **le président du conseil** le chef du gouvernement

– Je sais pas trop, répond Nathan. J'espère que je serai pris à l'école des arts du cirque. Comme ça, je resterai ici. Et vous, qu'est-ce que vous faites ?

– Ben, j'crois que je vais en seconde
5 technologique, dit Babaka. Et vous, les filles, vous allez à Victor Hugo ?

– Ouais, dit Justine. C'est un bon lycée. Nathan, je suis sûre que tu vas être pris dans ton école. Et comme ça, on pourra continuer de se voir. On
10 forme un bon groupe, nous quatre !

– Ouais, c'est vrai ! dit Nouria.

– Moi, chuis fatigué ! dit Nathan. On continue les révisions demain ? Même heure, même caravane !

---

4 **une seconde technologique** 10. Klasse mit Schwerpunkt „Technologie"

Chapitre 12

Pendant que les amis révisent, monsieur Abracadabra teste un nouveau tour de magie. Son concurrent, monsieur Copervield, a présenté ce tour dans son nouveau spectacle qui a beaucoup
5 de succès. Malheureusement, le magicien ne réussit pas à trouver le truc, même après avoir regardé le DVD de son rival plus de cinquante fois.

– Ah ! Je suis trop vieux, ma carrière est finie, je vais perdre mon travail ! Depuis trente ans, toujours
10 les mêmes tours ! Je suis nul ! Avant, on venait du monde entier pour voir le grand monsieur Abracadabrandix ! Maintenant, je passe en deuxième partie du spectacle, comme un magicien du dimanche !

15 Monsieur Abracadabra, un peu déprimé, décide d'aller au bistro. Après quelques verres, il se met à parler tout seul :

– Vous savez pas qui chuis ? Chuis un grand magicien, monsieur ! Et en plusss, on a un tiiigre du
20 Bengale ! Nous, petit ciiirque de pro… province, on a un exemplaire uniiiique ! C'est une excluuusivité du nouveau spectacle ! C'est grâââce à moi ! !

Après son monologue, monsieur Abracadabra s'endort. Alors, le serveur, un vieil ami du magicien,
25 appelle un taxi qui le raccompagne au cirque.

---

2 **un tour de magie** Zauberkunststück – 6 **un truc** *ici* Zaubertrick

Chapitre 13

« Arrêtez d'exploiter les animaux ! » peut-on lire sur les pancartes tenues par des jeunes devant le chapiteau. Une femme crie dans un haut-parleur :

« Non à l'exploitation cruelle des animaux de cirque ! Libérez tous les animaux de votre cirque. Les tigres du Bengale sont une espèce protégée ! Nous savons que vous exploitez un tigre blanc. Diabolo, aidez-nous à sauver ces animaux ! »

Un journaliste prend des photos des jeunes.

Monsieur Diabolo et les autres artistes sortent du chapiteau. M. Diabolo soupire et dit :

– Encore une de ces associations qui ne comprennent rien au cirque. Et si les journalistes arrivent… Ça va encore nous faire de la bonne publicité, ça !

Puis il ajoute :

– Mais comment savent-ils pour Banghalor ?

Monsieur Abracadabra a entendu la question de monsieur Diabolo et pâlit.

– Monsieur Diabolo, renvoyez-moi, je suis un alcoolique… Hier soir, je me sentais pas très bien, alors je suis allé au bistro boire un ou deux verres… Et puis, vous savez ce que c'est, j'ai encore trop bu et je crois que j'ai parlé de Banghalor. Je suis vraiment désolé !

– Ah, mon pauvre Abracadabra. C'est pas grave, c'est pas la première fois que ça nous arrive. Calme-toi. On va trouver une solution.

2 **une pancarte** Schild – 3 **un haut-parleur** Lautsprecher – 5 **libérer qn** jdn befreien – 11 **soupirer** seufzen – 15 **la publicité** Werbung – 20 **renvoyer qn** *ici* jdn entlasten

Monsieur Diabolo fait rentrer les artistes sous le chapiteau et va voir la femme qui tient le haut-parleur :

– Qu'est-ce que vous voulez ? Vous savez très

5 bien que nos animaux sont bien traités. Si vous ne partez pas, je vais appeler la police.

– Ces animaux sont sauvages, vous ne pouvez pas les exploiter ! Libérez le tigre blanc !

– Partez ou j'appelle la police !

10 – Nous reviendrons demain, dit la femme. Puis elle fait signe à ses amis de partir.

---

7 **sauvage** *adj* wild – 11 **faire signe à qn** jdm winken

Chapitre 14

Pendant ce temps, Nathan est content de retrouver ses amis au collège. Quand il arrive en cours de français, madame Baptiste lui dit d'un air ironique :

– Ah Diabolo ! J'espère que tu es enfin décidé à travailler ton brevet !

Nathan ignore la remarque, mais Babaka réagit :

– M'dame, j'trouve que vous êtes injuste avec Nathan car il est super doué ! Son numéro de clown avec Bodo, il est vraiment trop cool, il faut le voir sur la piste…

– Pas de commentaires, s'il te plaît, Babaka ! dit la prof, énervée. On a perdu assez de temps avec tout ce cirque. Sortez votre livre de Maupassant et reprenons notre lecture.

À ce moment là, on frappe à la porte. C'est monsieur Henri, le principal. Il salue la classe et dit :

– J'ai une nouvelle importante à communiquer. Pour la fête de l'école, en juillet, nous sommes invités au cirque Franconi. N'est-ce pas une bonne nouvelle, madame Baptiste ?

– Euh, oui, bien sûr, excellente, monsieur Henri ! répond la prof de français, surprise.

Nathan comprend enfin ce qui faisait rire son père ! Ses copains lui sourient. Ils ont l'air fier de lui et Nathan est heureux.

---

8 **doué** begabt – 15 **frapper à la porte** an die Tür klopfen

Chapitre 15

Nathan rentre manger chez lui pendant que ses amis vont à la cantine. Quand il arrive à la caravane, son père a l'air préoccupé, Nathan ne comprend pas pourquoi :

5 – P'pa, y'a un problème ? Tu fais une de ces têtes !

– Dis-lui, dit sa mère.

– Bon, c'est quoi tous ces secrets ? Vous me dites ce qu'il y a ou pas ?

10 Son père explique ce qui s'est passé devant le chapiteau.

– Qu'est-ce que tu vas faire ? demande Nathan.

Monsieur Diabolo hausse les épaules et dit :

– Qu'est-ce que je peux faire ? Sans les animaux,
15 ce cirque n'existe plus ! Et puis, ils n'y connaissent rien, ces gens-là !

Monsieur Diabolo se lève et sort de la caravane. Alors, Nathan finit vite de manger et retourne au collège. Il doit parler de la situation à ses copains,
20 peut-être qu'ils auront une idée pour l'aider.

– Peut-être que si ton père libère Banghalor, les gens de l'association le laisseront tranquille ? Tu dois parler à ton père, lui dit Justine, c'est la seule solution.

25 – Banghalor est le plus sauvage des animaux de votre cirque, ajoute Nouria. Même s'il est bien traité, il n'y a rien de mieux que la liberté !

– Vous avez raison. Je vais parler à mon père, dit Nathan l'air pensif.

---

3 **préoccupé** qui se fait du souci – 13 **hausser les épaules** lever les épaules (**une épaule** Schulter) vers le haut

Chapitre 16

Pendant deux semaines, Nathan et ses copains ont préparé ensemble toutes les épreuves. Ils se retrouvent devant le collège juste avant la première épreuve, celle de français.

5   – Vivement la fin du brevet ! dit Babaka. J'ai trop mal dormi cette nuit.

– Ouais, moi aussi, dit Nouria.

– C'est bon, arrêtez de stresser, dit Justine. Regardez Nathan, il jongle avec quatre balles. Il a
10 l'air cool, lui.

– Jongler, ça me déstresse, dit Nathan. Tu veux essayer, Justine ? Attrape !

Nathan lui lance deux balles et continue de jongler avec les deux autres.

15   – Regarde le mouvement de mes mains, dit Nathan. Faut dessiner un huit horizontal.

Justine essaie de faire comme Nathan mais les balles se cognent et tombent par terre.

– Un huit horizontal, Justine, pas un six à
20 l'envers ! se moque Babaka.

– À toi, Babaka ! dit Justine.

Et elle lui lance les balles.

– Eh, je sais pas jongler, moi ! dit Babaka qui les lance à Nathan.

25   – Tu m'apprendras ? demande Justine à Nathan.

Nouria et Babaka se sourient d'un air complice et Justine rougit.

– Allez, c'est l'heure. On y va ? dit Nathan qui a enfin remarqué que Justine en pinçait pour lui.

---

5 **vivement la fin du brevet**... wenn nur schon das Ende der Prüfung wäre – 18 **se cogner** zusammen stoßen – 19 **à l'envers** verkehrt herum – 29 **en pincer pour qn** *fam* aimer qn

Chapitre 17

Babaka, Nathan, Nouria et Justine font une partie de babyfoot à « La Tartine beurrée ». Ils ont déjà passé les épreuves écrites, il ne reste plus que les épreuves orales.

5 – C'était trop bon de voir Philibert se faire prendre en train de tricher pendant l'épreuve de maths, dit Babaka.

– Ouais, elle va criser, la Baptiste : son meilleur élève, un tricheur ! Je vois déjà la scène, dit Nouria.

10 – Arrêtez, c'est pas sympa ce que vous dites ! Vous savez que Philibert ne pourra plus passer d'examen pendant cinq ans ? dit Justine l'air sérieux.

– Alors là, désolé, mais il fallait y penser avant !
15 Nous, on a appris ces formules stupides pendant deux semaines, il pouvait faire la même chose ! dit Nathan.

– Allez, demain, on a les oraux d'anglais et d'histoire des arts et après, on est en VACANCES !
20 dit Babaka.

2 **le babyfoot** [babifut] Tischfußball – 6 **tricher** schummeln – 8 **criser** *fam* faire une crise – 18 **un (examen) oral** ≠ un (examen) écrit

Chapitre 18

Après la dernière épreuve orale, les copains se retrouvent comme toujours à « La Tartine beurrée ». Chacun demande à l'autre comment ça s'est passé, tous parlent en même temps.

5 – Allez, on va être en retard au ciné. Vite, je veux pas rater la pub ! dit Babaka.

Les copains rigolent.

– Y'a que toi qui aime la pub, dit Nouria.

Bien sûr, au cinéma, Justine s'assoit juste à côté 10 de Nathan. Sur le chemin du retour, les copains chantent et parlent fort, heureux d'être enfin en vacances.

Dès que Nathan arrive chez lui, ses parents lui demandent comment s'est passé la dernière 15 épreuve :

– Je pense que j'vais l'avoir, je n'aurai pas 18, mais bon, le plus important, c'est de l'avoir, non ?

Depuis quelques jours, Nathan réfléchit comment parler à son père de la libération de 20 Banghalor.

– P'pa, je peux te dire quelque chose ?

Son père se demande quelle bêtise son fils a encore faite. Alors, il lui propose de marcher un peu. Madame Diabolo, vexée, fait comme si elle 25 avait autre chose à faire.

– P'pa, en fait, je voulais te parler de Banghalor. Je sais que tu l'adores et que c'était difficile de l'acheter… Mais tu vois, on aura peut-être moins de problèmes si on le remet en liberté. Tu crois 30 pas ?

---

6 **la pub** *fam* la publicité – 24 **vexé** beleidigt – 29 **remettre en liberté** libérer

– Toi aussi, t'es contre moi ! Tu me prends pour un barbare qui exploite ses animaux pour gagner de l'argent ? C'est ce que tu penses, toi qui es né au cirque ?

– Mais non, P'pa, calme-toi, c'est pas ce que j'ai dit. Je sais très bien que tu les aimes, tes animaux. Mais je te parle des tigres blancs qui t'ont toujours fasciné, de leur survie et de la survie de notre cirque !

– Alors, à ton avis, monsieur je-sais-tout, qu'est-ce qu'on doit faire ? Je t'écoute.

– Je te propose d'aller voir les gens de cette association et de discuter avec eux.

Après un long moment, son père dit enfin :

– Quand j'ai eu Banghalor, j'y croyais pas, c'était un rêve.

– P'pa, tu sais, si Banghalor est en liberté, il pourra peut-être faire des petits et comme ça, il y aura toujours des tigres blancs.

– On va voir, Nathan. Je vais réfléchir.

---

6 **la survie (d'une espèce)** le fait de continuer à vivre, de ne pas mourir

Chapitre 19

Le lendemain matin, le père de Nathan appelle la directrice de l'association de défense des animaux :

   – Allô, madame Karibou ? C'est le directeur du cirque Franconi au téléphone…

5   – Ah, c'est le criminel, le tyran des animaux…

   – Arrêtez votre cinéma. Maintenant, vous allez m'écouter ou j'appelle vraiment la police.

   – Calmez-vous, monsieur Diabolo !

   – Venez donc à une répétition avec les animaux
10 cet après-midi. Comme ça, vous pourrez voir qu'on s'occupe bien des animaux.

   – C'est un piège ?

   – Vous êtes vraiment parano, ma chère Dame !

   – Je peux venir avec d'autres personnes de
15 l'association ?

   – Amenez qui vous voulez, plus on est de fous, plus on rit ! Rendez-vous à 14 heures.

Monsieur Diabolo raccroche, heureux d'avoir mené les négociations.

20   Le père de Nathan emmène donc madame Karibou et les membres de l'association dans la ménagerie. Là, ils contrôlent les cages et la nourriture. Ensuite, ils observent le travail des dompteurs pendant la répétition. À la fin de cette
25 visite, la directrice de l'association s'exclame :

   – Même si les animaux semblent être en bonne forme, il ne faut pas oublier qu'ils sont prisonniers ! Et ça, je ne peux pas le tolérer ! Nous n'abandonnerons pas notre combat.

---

12 **un piège** Falle – 16 **plus on est de fous, plus on rit** je mehr Leute da sind, desto mehr Spaß – 18 **raccrocher** auflegen – 19 **mener les négociations** *fpl* Verhandlungen führen – 22 **une cage** Käfig – 23 **la nourriture** ce qu'on mange – 24 **un dompteur** [dɔ̃(p)tœʀ] – 27 **être prisonnier** ≠ être en liberté – 29 **un combat** Kampf

– Je m'attendais à cette réponse, dit le père de Nathan. Voilà ma proposition : Banghalor ira dans une réserve naturelle et je m'occupe personnellement de son transfert. Mais d'abord, je ferai mon premier spectacle avec Banghalor pour la fête du collège de mon fils !

Tout le monde est surpris par la proposition de monsieur Diabolo. Nathan est fier de son père.

– Mais … euh, oui, c'est pas mal, monsieur Diabolo, dit madame Karibou.

– De l'excellente publicité pour votre association et pour mon cirque ! En échange, vous nous laissez un peu tranquilles ?

– Eh bien, oui, d'accord, dit la directrice. On vous laissera tranquilles.

– Vous êtes les bienvenus à notre spectacle ! ajoute monsieur Diabolo.

Après le départ de madame Karibou et de ses amis, Nathan dit à son père.

– P'pa, t'as été génial ! Je sais que c'est dur pour toi de faire ça.

Le père de Nathan ne répond pas mais il a les larmes aux yeux.

---

8 **être fier** [fjɛʀ] **de qn** auf jdn stolz sein – 12 **laisser qn tranquille** [tʀɑ̃kil] jdn in Ruhe lassen – 22 **avoir les larmes aux yeux** commencer à pleurer (**une larme** Träne)

Chapitre 20

Au collège, l'ambiance est à la fête. Dans la cour, ça sent bon les gâteaux et les crêpes. Entre les compétitions sportives, la chorale de monsieur Alto et la tombola, il y a de quoi s'amuser. Mais tout le
5 monde attend avec impatience le spectacle du cirque Franconi. Vers quinze heures, les élèves sont installés sous le chapiteau, le spectacle peut commencer. C'est Nathan et le sultan Bodo qui présentent le programme.

10 Monsieur Abracadabra entre en scène. Un lapin disparaît dans un chapeau puis réapparaît soudain en train de manger une carotte sur les genoux de monsieur Henri. Tout le monde éclate de rire. Puis, c'est monsieur Cerbère qui disparaît. « Oh ! »
15 s'exclame le public. Quelques secondes plus tard, le CPE réapparaît sur les genoux de madame Baptiste, une rose à la main. Tous les élèves rigolent. La prof de français, elle, est rouge comme une tomate et ne sait plus quoi faire. Les élèves crient : « Un bisou,
20 un bisou ! » Monsieur Cerbère tout gêné, se lève et reprend sa place à côté de monsieur Henri, qui s'amuse comme un fou.

Les jongleurs présentent ensuite leur joyeux numéro et le public applaudit en cadence. Puis
25 vient l'heure du dernier numéro : monsieur Diabolo et Banghalor vont entrer en scène ensemble pour la première et la dernière fois. Dans le public, l'émotion est grande. Banghalor est magnifique, il traverse les anneaux en flammes sans hésitation. À
30 la fin du numéro, le public applaudit longtemps.

---

10 **un lapin** Hase – 16 **sur les genoux** (**un genou** Knie) auf dem Schoß – 22 **s'amuser comme un fou** s'amuser beaucoup – 29 **un anneau** Ring

Après le spectacle, Nouria, Babaka et Justine rejoignent Nathan.

– C'était trop bien, Nathan ! Bravo ! dit Justine. Vous avez vu madame Baptiste ? Elle était bouche bée !

– Ouais, dit Nouria. Et monsieur Cerbère était fasciné ! Dis-moi Nathan, quand est-ce qu'il va partir Banghalor ?

– La semaine prochaine. On est tous super tristes, surtout mon père. Mais l'association de défense des animaux va nous laisser tranquilles.

– On peut se voir pendant les vacances ? demande Justine. Moi, je serai là au mois de juillet et j'ai très envie d'apprendre à jongler ! Pas vous ?

– Bonne idée, dit Nouria, complice.

– Cool, dit Babaka. Allez, on se retrouve aux résultats du brevet ?

Babaka, Nouria et Justine rentrent chez eux, des images fantastiques plein la tête et heureux de commencer enfin un nouveau chapitre…

2 **rejoindre qn** aller retrouver qn – 4 **être bouche bée** être très surpris et avoir la bouche ouverte

Chapitre 21

Dimanche 12 juillet,

Cher journal,

Le transfert de Banghalor s'est bien passé, mon père a reçu des nouvelles ce matin. Banghalor est dans
5 *une réserve naturelle au nord-est de l'Inde. Je me fais pas de souci pour lui, je pense qu'il aura pas de problèmes et qu'il va bientôt être papa! Mon père, même s'il est triste, a pris la bonne décision. Mais il*
10 *est plus comme avant: je crois qu'il en a marre et qu'il veut prendre sa retraite. Il attend que je termine l'école et après, il me laisse la direction du cirque.*
    Au fait: J'AI EU MON BREVET! De justesse, mais je l'ai eu!! Encore mieux, je suis AUSSI pris à l'école
15 *des arts du cirque! C'est cool! Le collège, c'est fini, ouf! Papa et maman étaient super contents! Maman m'a fait une demi-heure de baratin: « Tu dois travailler, tu dois être sérieux… » Elle m'énerve quand elle fait ça: chuis plus un bébé!*
20   *Ça va être bizarre de me fixer dans un lieu. Je vais avoir une chambre à moi et en plus, je vais rester avec mes copains, Justine, Nouria et Babaka, qui ont aussi eu leur brevet. Bien sûr, mes parents vont me*
25 *manquer, mais Bodo sera avec moi. Et puis, j'irai les voir pendant les vacances. Allez, en route pour de nouvelles aventures!*

Tchao!

---

11 **prendre sa retraite** in den Ruhestand gehen – 11 **terminer** finir – 13 **au fait** übrigens – 13 **de justesse** gerade – 17 **le baratin** *fam* Geschwätz

Questions de compréhension

Avant la lecture

1. As-tu déjà assisté à un spectacle de cirque ? Qu'est-ce que tu aimes et n'aimes pas au cirque ? À ton avis, comment est la vie de Nathan, l'enfant du cirque ?
2. Fais des recherches sur le brevet des collèges. Présente cet examen et compare-le avec son équivalent dans ton pays.

Pendant la lecture

Chapitres 1 et 2

Relève toutes les informations que tu trouves sur Nathan et fais son portrait.

Chapitres 3 et 4

1. Comment réagissent les parents de Nathan à la situation de leur fils ? Sont-ils du même avis ?
2. Quelle solution trouve madame Diabolo ?
3. Qu'est-ce qui stresse Nathan ?

Chapitres 5 et 6

1. Quels sont les sentiments de Justine envers Nathan ?
2. Est-ce que Nathan arrive à réviser ? Pourquoi ?
3. Monsieur Diabolo doit aller chez le principal du collège : Imagine la scène et joue-la.

Chapitres 7 et 8

1. Quel secret Nathan révèle-t-il à ses amis ?
2. Explique pourquoi Justine est en colère.
3. Cherche des arguments pour et contre les animaux sauvages dans les cirques.

Chapitres 9 et 10

1. Que pense monsieur Diabolo du brevet ? À ton avis, quelles sont ses raisons ?
2. Que propose monsieur Diabolo ?
3. Pourquoi Nathan a-t-il été surpris par la réaction de Nouria et Justine ?

Chapitres 11 et 12

1. Quelle est la méthode de Nouria pour apprendre une leçon ? Et toi, comment fais-tu ?
2. Pourquoi le magicien est-il déprimé ?
3. Imagine ce qui peut se passer maintenant que monsieur Abracadabra a parlé de Banghalor.

Chapitre 13

Le journaliste écrit un article sur la manifestation devant le cirque. Rédige l'article.

Chapitres 14 et 15

1. Madame Baptiste est-elle contente de revoir Nathan ?
2. Nathan décide de parler à son père. Imagine le dialogue.

Chapitres 16 et 17

1. Est-ce que Nathan a l'air stressé. Pourquoi ?

2. De quoi parlent Nouria, Justine, Babaka et Nathan à « La Tartine beurrée » ?

3. Philibert explique à ses parents pourquoi il a triché. Imagine la scène et joue-la.

Chapitres 18 et 19

1. Que propose Nathan à son père ? Est-ce que son père accepte ? À ton avis, pourquoi ?
2. Quelle décision prend monsieur Diabolo ? Imagine ses sentiments.

Chapitre 20

Imagine le dialogue entre madame Baptiste, monsieur Cerbère et monsieur Henri après le spectacle.

Chapitre 21

1. Que va faire Nathan après les vacances ? Qu'est-ce qui va changer dans sa vie ?
2. Un journaliste rédige un article sur le transfert de Banghalor en Inde. Écris cet article.

Après la lecture

1. Donne un titre à chaque chapitre.
2. Les copains se retrouvent pour les résultats du brevet. Joue la scène.
3. Choisis un des thèmes suivants et imagine la suite de l'histoire :
   a) Nathan et Justine
   b) Nathan à l'école des arts du cirque
   c) Nathan devient directeur du cirque Franconi.

Liste des abréviations

≠	antonyme de
→	mot de la même famille
°	après l'article, pas de liaison
[']	pas de liaison
etw	etwas
f	féminin
fam	familier
fpl	féminin pluriel
jdm	jemandem
jdn	jemanden
m	masculin
mpl	masculin pluriel
qc	quelque chose
qn	quelqu'un